Cristal

Cuando el amor es más fuerte que el dolor

Leonor Conde

Reservados todos los derechos. No se permite la reproducción total o parcial de esta obra, ni su incorporación a un sistema informático, ni su transmisión en cualquier forma o por cualquier medio (electrónico, mecánico, fotocopia, grabación u otros) sin autorización previa y por escrito de los titulares del copyright. La infracción de dichos derechos puede constituir un delito contra la propiedad intelectual.

El contenido de esta obra es responsabilidad del autor y no refleja necesariamente las opiniones de la casa editora. Todos los textos e imágenes fueron proporcionados por el autor, quien es el único responsable por los derechos de los mismos.

Publicado por Ibukku
www.ibukku.com
Diseño y maquetación: Índigo Estudio Gráfico
Copyright © 2021 Leonor Conde
ISBN Paperback: 978-1-64086-942-4
ISBN eBook: 978-1-64086-943-1

Índice

Dedicatoria	5
Agradecimiento	7
I. *Haciendo un poco de nuestra historia*	*9*
II. *Mi reencuentro con mi amiga de la infancia*	*11*
III. *Un nuevo comienzo*	*13*
IV. *Un nuevo emprendimiento*	*15*
V. *Un cambio de rubro*	*17*
VI. *Se agranda la familia*	*19*
VII. *Atravesar el dolor*	*23*
VIII. *Las dificultades del camino*	*25*
IX. *Los preparativos para el viaje*	*29*
X. *Lo que la hacía feliz…*	*33*
XI. *En búsqueda de un nuevo tratamiento*	*37*
XII. *El regreso*	*41*
XIII. *Nace una nueva oportunidad*	*43*
XIV. *Un tratamiento más…*	*47*
XV. *Un cambio de vida*	*51*
XVI. *La vida de fe crecía*	*53*
XVII. *Una vez más, el desconsuelo*	*55*
XVIII. *El tiempo transcurría…*	*57*
XIX. *Recuerdos de Cristal…*	*59*
XX. *Marzo del 2001*	*63*
XXI. *Anécdotas de nuestra niña para compartirte*	*71*
XXII. *Cristal y nuestra conversión*	*77*
XXIII. *Dios, nuestra fortaleza*	*85*

Dedicatoria

Este libro lo dedico a todas aquellas personas que han sufrido, al igual que nosotros, la pérdida de algún ser querido. Los aliento a que sigamos confiando en el creador de todas las cosas, e incluso de nosotros mismos.

Agradecimiento

Agradezco con todo mi ser a todas aquellas personas, familiares y amigos, y a todos aquellos que llegaron a nuestra vida por primera vez y nos extendieron su mano para apoyarnos en el camino de lucha que emprendimos con Cristal. Desde lo más profundo de nuestro corazón, les damos las gracias mi familia y yo.

I.
Haciendo un poco de nuestra historia

Un día, mi amada madre me llevó de vacaciones a la ciudad de Tijuana BC. Yo nací en un pueblo cercano a la ciudad de Durango, México, donde viví mi infancia y mi adolescencia. En una oportunidad, con ella tomamos unas vacaciones en la casa de Socorro, una mujer encantadora y hospitalaria. Luego de haber transcurrido unos hermosos días, le pedí a mi madre poder quedarme un tiempo más en la casa de su amiga para trabajar, y abrirme camino y, luego de la experiencia, regresaría a su lado. Su respuesta fue un no. No era posible. Debíamos regresar a casa, donde habían quedado mi padre y mis hermanos. Pero, con la ayuda de Socorro, la convencimos. Pasado un mes, llegó el momento de despedirme de mi madre. Le prometí que pronto volveríamos a vernos.

Yo era muy joven: tenía solo dieciséis años. Socorro cuidaba mucho de mí. Ella era una persona muy linda. Siempre me hizo sentir como si su casa fuera la mía. Luego de un mes, le pedí permiso para visitar a mi tía Elena, que vivía (y aún vive) en Ensenada BC, una ciudad muy cerca de Tijuana. Socorro me concedió el permiso, pero me pidió que me cuidara mucho y que le avisara todo lo que haría. Así lo hice. Recuerdo que compré mi boleto y viajé hacia allí. Fue un recorrido maravilloso; sentía dentro de mí una gran emoción. El poder mirar el mar durante todo el recorrido fue espectacular, ya que nunca antes lo había conocido. Por fin, llegué a destino, a la terminal de camiones. En mi corazón había mucha alegría. Le avisé a mi tía que había llegado. Con entusiasmo me respondió que mi primo Román iría a buscarme. Nosotros no nos conocíamos. Al estar en esa estación, visualicé a un joven que miraba como buscando a alguien pero, al no haber encontrado a nadie, se fue. Unos minutos más tarde, regresó acompañado de mi tía Elena. ¡Un encuentro emotivo! Luego de habernos saludado, fuimos a su casa, donde me acogió, y ya no quiso que regresara a Tijuana. Ella me expresó que ellos eran mi familia y querían cuidar de mí.

II.
Mi reencuentro con mi amiga de la infancia

En ese tiempo no entendía lo que Dios estaba preparando para mí. Y, regresando y contándote un poco acerca de mi vida, de pequeña, mientras cursaba la primaria, tenía una amiga, Sole, que era una niña muy amable y muy tierna. Juntas solíamos jugar tiempo en el recreo. Ella vivía a solo unos metros de distancia de la escuela. Muchas veces fui a merendar a su casa y comía esas ricas tortillitas calentitas con una salsa de molcajete que preparaba su mamá. Me encantaba ser invitada... Los años pasaron, y parte de esa familia se fue a vivir a Ensenada.

El tiempo pasó; cursábamos la secundaria, y Sole y yo seguimos siendo amigas. Al haberse instalado ya en Ensenada, nos escribíamos cartas para seguir comunicándonos y contándonos acerca de nuestra vida. Luego, ya con mis dieciséis años, sin pensarlo mucho, estaba en esa ciudad. Mi alegría era inmensa. Así fue cómo le pregunté a mi tía Elena por su dirección y, para mi sorpresa, me comentó que vivía cerca de su casa. Fue entonces cuando decidí ir a verla con gran emoción. Cuando llegué, toqué la puerta. Esperaba que fuera ella quien la abriera, pero no fue así. Un muchacho alto, apuesto y sonriente estaba allí. Al instante le pregunté por mi amiga, y me respondió que estaba en la cocina y que ya vendría. Solo unos instantes después, Sole apareció. Fue maravilloso vernos después de tres años. Charlamos, nos contamos acerca de nuestra vida. En mi mente estaba el pensamiento acerca de ese joven apuesto. Inmediatamente, le pregunté por él y me contó que ese joven era el hermano de su cuñada. La sorpresa fue que, al poco tiempo, estaba saliendo con este joven. Le gustaba llevarme al cine, aunque yo prefería la playa. También comencé a trabajar en una tienda de ropa para solventar mis gastos y no ser una carga para mi tía. Me gustaba obedecerla cuando ella me pedía que hiciera algún quehacer en la casa a cambio de que me dejara salir con mi novio. El tiempo transcurrió y, con mis diecisiete años, José y yo nos casamos.

III.
Un nuevo comienzo

Comenzamos juntos una nueva vida. Y ya, al cumplir mis dieciocho, llegó nuestro primer hijo. Le gustaba mucho hacerme regalos. Era muy detallista. Aún tengo en mi mente cada uno de sus detalles, como lo sigue haciendo ahora. Éramos muy jóvenes para ser padres (yo, dieciocho; José, veintidós). Sin embargo, al haberse enterado José de que estaba embarazada, no quiso que siguiera trabajando. Desde el principio me cuidó y demostró ser un maravilloso padre y esposo preocupado por darnos siempre lo mejor. Vivíamos en una casa muy pequeña que alquilábamos, pero recuerdo que, al haber cumplido once meses nuestro bebé, José llegó a casa y me dijo que empacara nuestras pertenencias, aunque no eran muchas. Le consulté a qué lugar nos mudaríamos y me respondió: "Es una sorpresa". Si bien estaba muy emocionada, también tenía ansiedad por saber dónde iríamos. Por la noche llegó un camión de mudanzas, en el que pusimos nuestras cosas.

José manejó detrás del camión, hasta que llegamos al lugar que pronto sería nuestro. Una casa pequeña, pero muy bonita. A la mañana siguiente, cuando José salió hacia su trabajo, recuerdo que fui a caminar para conocer el lugar, ver sus tiendas y reconocer un poco el barrio donde viviríamos. A medida que el tiempo iba pasando, fui conociendo a mis vecinos. Todos ellos eran muy amigables y están en mi corazón. Recuerdo a Alicia y a Mario, a Guille y a Daira, a Magui, a Araceli, a Aurelia.

IV.
Un nuevo emprendimiento

En esa época atravesábamos problemas económicos, pero sabía que, siempre y aun con un hijo, no nos quedaríamos con los brazos cruzados. Salimos entonces en busca de un préstamo para rentar una cafetería, la cual era una oportunidad, mientras José buscaba otro empleo. Pero Dios siempre fue bueno con nosotros. Con solo mis veinte años, era demasiado joven y no tenía mucha experiencia en la cocina, pero el amor de madre y el deseo de salir de esa situación era muy fuerte. Así fue cómo decidí aprender a desarrollar mis habilidades culinarias.

Cuando José terminaba de trabajar, él iba rápido a ayudarme a la cafetería. También José, en su nuevo trabajo, tuvo una gran bendición: fue nombrado supervisor del turno en el que trabajaba.

V.
Un cambio de rubro

El tiempo transcurría, y llegó nuestro segundo hijo. José Luis ya tenía casi cinco años cuando llegó nuestra hermosa Rosalba Lisbeth. Mientras los criaba, seguíamos trabajando y, al año entrante, terminamos de pagar nuestra casa. A José no le gustaba mucho la idea de que nuestros hijos tuvieran una niñera, así que decidimos dejar la cafetería y poner un nuevo negocio: una tienda de abarrotes. Reconozco que José no le tenía mucha fe a ese proyecto; sin embargo, en poco tiempo tuvimos mucha clientela. Inclusive, cuando José se disponía a ayudarme, teníamos mejores ventas. Los dos teníamos el mismo interés de salir adelante y de darles un buen futuro a nuestros hijos.

Mi madre solía visitarme cuando podía, y yo también a ella. Me sentía muy feliz de estar cerca de mis padres y de mis hermanos. Cada vez que podíamos, nos tomábamos un tiempo con José para salir con nuestros hijos y en otros momentos disfrutábamos mucho de compartir tiempo con mis hermanos y con mis padres.

VI.
Se agranda la familia

El mover de la mano de Dios es increíble. Dios nos lleva de un lugar a otro para cumplir el propósito que Él tiene diseñado para nuestra vida. Recorrí varios kilómetros para encontrarme con quien sería mi esposo, con el que formaría una hermosa familia. En esta pasamos momentos lindos y también dificultades, pero hoy puedo decir que juntos nos levantamos.

La vida siguió transcurriendo… José Luis tenía diez años y Rosalba, cinco cuando llegó a nuestra vida otro regalo de parte de Dios: una hija más. A fines de 1990, mediante un análisis de laboratorio, supe que estaba embarazada. Mi esposo José y yo recibimos la noticia con mucha alegría. Nos sentíamos muy felices de esperar nuestro tercer hijo. Recuerdo, que mientras estaba colocando los arreglos navideños, tropecé y me caí. Me preocupé mucho por mi bebé ante este accidente; fui a la consulta con el médico, quien me revisó y me confirmó que todo estaba bien. La alegría llenó mi ser. El bebé estaba muy cómodo en la panza, así que esperó su tiempo para nacer. Por fin, un 14 de agosto de 1991, llegó nuestro hermoso regalo. El parto fue por cesárea, sin complicaciones. Llegaba a nuestras vidas una hermosa niña, a quien cuidaríamos y amaríamos todos: Cristal.

Todos estábamos muy felices; como pareja, trabajamos mucho para darles a nuestros hijos lo mejor. Vivíamos en Ensenada BC, donde nacieron nuestros hijos. Durante los fines de semana nos gustaba salir a pasear. No importaba si era un lugar bonito o la orilla de un arroyo. Ver a nuestros hijos felices era lo mejor que podía pasarnos.

Cuando Cristal cumplió su primer año de vida, recuerdo que hicimos un hermoso festejo: invitamos a la familia, a amigos —era nuestra costumbre celebrar cada año de vida de nuestros hijos—, y lo disfrutamos mucho.

De la misma manera festejamos su segundo y tercer añito de vida. La recuerdo feliz, corriendo por toda la casa disfrutando con los otros niños. Siempre fue amada por todos nosotros. Sus hermanos la protegían mucho, ya que era la más pequeña. En especial, su hermano Luis, que cuidaba de sus dos hermanas. Recuerdo que Cristal caminó a los doce meses; desde pequeña mostraba su amor por su vida y por todo su entorno. Disfrutaba de todo lo que le ofrecíamos: no tenía una comida preferida, pero sí le gustaba abrir el refrigerador para tomar la lechuga o las zanahorias (le gustaban mucho las verduras), alimentos que, por lo general, los niños pequeños no suelen comer.

Era amable con los niños de su edad, en especial con un niño que se sacaba los zapatos… Al verlo, ella iba y de inmediato lo ayudaba a ponérselos. Era movediza; nunca permanecía quieta en un solo lugar. Por eso se molestaba cuando me acompañaba en esas salidas que hacía con alguna amiga para tomar un cafecito, ya que no le gustaba permanecer en un mismo sitio mucho tiempo. Recuerdo que me decía: "Mami, esta casa no me gusta". Era gracioso escucharla. La única casa en la que disfrutaba estar, además de la suya, era la de su tía Margarita. Era feliz allí con su amada tía. Recuerdo también su muñeca favorita: era una de trapo. Su pelo era de estambre y era de su misma altura. Esta muñeca la acompañó en los momentos más difíciles de su infancia.

En esos momentos jamás hubiésemos podido imaginar que jamás serían iguales los próximos festejos. Una prueba muy difícil llegó a nuestra familia… Luego de haber cumplido sus tres añitos, estábamos muy lejos de imaginar que jamás serían iguales estos festejos. Habían pasado nueve meses después de su cumpleaños cuando, un 23 mayo de 1995, después de un análisis de laboratorio, su pediatra nos informó que era casi seguro que Cristal tenía un problema de salud muy delicado, pero necesitaba chequearlo con más estudios. Allí mismo nos derivó con un especialista. Luego de los estudios médicos, nos dieron el devastador diagnóstico: leucemia. Una noticia que ningún padre en su vida quiere (o imagina) escuchar.

Frente a este dolor, comenzaron las preguntas que todo padre y que todo ser humano se hace cuando está delante de tanto dolor, y cuánto más cuando se trata de un hijo: ¿por qué a nosotros? No podíamos comprenderlo… si siempre la llevábamos a los controles médicos, recibía la mejor alimentación, todos los cuidados… ni siquiera el médico podía darnos una respuesta precisa. Él solo nos dio esta triste noticia.

VII.
Atravesar el dolor

Inmediatamente, con cientos de preguntas sin respuestas y mucha culpa, nuestra niña fue hospitalizada. Cristal comenzaría con sus primeras sesiones de quimioterapia. Por el término de tres semanas consecutivas, estuvo hospitalizada recibiendo quimioterapia y haciéndose todo tipos de estudios. ¿Cómo explicarle a una niña de solo tres años y medio lo que estaba sucediendo? Su carita tenía una mirada de tristeza... Yo le hablaba con mucho amor; no me alcanzaban (ni me salían) las palabras para explicarle la clase de tratamiento a la que estaba siendo sometida por tan tremenda enfermedad. Solo buscaba en mi interior palabras sabias y llenas de esperanza.

Pasamos por diferentes estados de ánimo, de emociones; nuestro interior se convulsionaba al ver a nuestra hija en esa condición. Al comienzo no quise que nadie nos visitara: ni familiares ni amigos. Solo quería estar con mi esposo y con mis hijos. Sentía la necesidad de pasar en soledad este proceso. ¡Grave error de mi parte! Una situación de tal dolor y angustia requiere de ayuda y, ¿qué mejor que los amigos y familia que nos quieren estén junto a nosotros? Pero, en ese tiempo, me negaba a recibirla. Después de un tiempo comprendí que no estaba en lo correcto, que necesitaba de ese apoyo moral que amigos y familia nos ofrecía. Al aceptarlo, todos nos mostraron el amor y preocupación que sentían por nosotros. Yo los había juzgado sin haberles dado la oportunidad de que pudieran acercarse.

Los meses transcurrieron; trabajamos lo más posible por ser fuertes frente al hecho de ir y venir cada día del hospital cada día, buscando y esperando con todo nuestro corazón que pronto estuviera bien, que su vida estuviera a salvo.

Por todos los medios y con todos los recursos que disponíamos, tratábamos lo más posible de hacerla sentir bien. Creo que, con tan poquitos años, los niños no llegan a comprender la magnitud de los hechos. Solo entendía lo mucho que lo amábamos, ya que a diario se lo decíamos. Tratábamos con mi esposo de que nuestros tres hijos sintieran nuestro amor por completo.

VIII.
Las dificultades del camino

Al comenzar con el tratamiento, ninguno sabía lo costoso que este era. Uno solo quiere y desea que su hijo se cure; el resto nada importa. Todo lo necesario es poco para poder verlos sanos y saludables. En un principio pudimos solventarlos sin inconvenientes pero, después de un tiempo, ya percibimos que no podíamos ni sostener nuestros gastos cotidianos. No teníamos ni una moneda para poder comer (no lo digo en un sentido figurado, sino que era tal cual hoy puedo contártelo). Nuestros ingresos no alcanzaban, pero siempre pusimos en primer lugar el tratamiento de nuestra hija. Todo lo demás podía esperar. Fueron momentos muy difíciles de atravesar. Recuerdo tomar mi ropa del clóset y venderla para obtener algo de dinero para poder comer. Luego de pagar los honorarios y gastos del hospital, no quedaba ni una moneda para vivir. Fue un tiempo muy difícil; nuestro hijo Luis, con solo trece años, cursaba la secundaria y Rosalba tenía solo ocho añitos y no comprendía lo complejo de la situación que estábamos viviendo. Tampoco percibía lo que su hermanita transitaba. Recuerdo que no preguntaba nada: solo guardaba silencio, lo que le ocasionó mucha ansiedad y temor. Y, dadas todas las circunstancias que vivíamos, tuvimos que llevarla a la casa de su tía Margarita, quien también vivía en Ensenada. Cambió de escuela y nos pidió quedarse a vivir por un tiempo con su tía. Eso causó mucho dolor a nuestra vida pero, al mismo tiempo, sabíamos que ella, al estar allí, tendría un confort que, en esos momentos, no podíamos darle. Margarita ayudó tanto en lo emocional como en lo económico.

Nuestro hijo Luis, a pesar de su edad, comenzó a trabajar los fines de semana para poder comprar los libros y materiales escolares que le solicitaban en el colegio. A su corta edad, trabajaba sin reclamar ni quejarse: él solo quería ayudar. En una oportunidad, luego de haber pagado las cuentas, todavía nos restaba llevar a nuestra hija al laboratorio para una muestra de sangre; él se acercó y nos dijo: "Tengo ahorros, guardé un poquito, pero creo que sí alcanza para el examen de mi hermana". Este gesto, esta demostración de amor no tuvo precio y es imposible de olvidar. ¡Un hijo con un corazón hermoso!

Así transcurrían los días, los meses… Ya habían pasado dos años desde que habíamos comenzado el tratamiento y, cuando pensamos que estábamos en el final de la batalla, al revisar los estudios, nos dijo: "Cristal tiene una recaída. La leucemia regresó y ya no está en remisión". ¡Qué noticia más devastadora! "¿Qué más sigue?", preguntamos. El doctor nos dijo que, nuevamente, habría que hospitalizarla, comenzar con sesiones de quimioterapia más agresivas y que esperaba que la niña volviera a poder revertir la situación. Nuevamente la pregunta del porqué surgía en nuestra vida.

IX.
Los preparativos para el viaje

Alicia y mi hermano Jorge, cada vez que podían, nos apoyaban enviándonos dinero para los gastos que toda la internación demandaba. Ellos vivían en Estados Unidos, en Omaha, Nebraska, y nos ofrecieron ir a vivir allí para buscar una mejora de vida para nuestra hija. Y, como no podíamos rendirnos y la salud de nuestra pequeña era lo más importante, haríamos todo y más de lo que estuviera a nuestro alcance para que ella pudiera sanarse. Así fue cómo inmediatamente hicimos los preparativos para nuestro viaje. Afortunadamente, mis hijos y yo contábamos con la visa para viajar; solo mi esposo, José, no contaba con ella y debía tramitarla.

El día llegó; nos despedimos de él y viajamos hacia Long Beach. Allí nos recibieron mi cuñado Ramiro y su esposa María, quienes también nos mostraron siempre su apoyo. Desde allí tomamos un vuelo que nos llevó hacia Nebraska, donde mis hermanos nos estaban esperando. Este no fue un encuentro como otros; sin embargo, la alegría de volver a encontrarnos nos llenó.

De allí fuimos a la casa de mi hermana Belem. Ella me ofreció su apoyo hospedándonos en su casa y todo lo que necesitáramos para nuestra hija. A partir de allí,

Juan y su esposa Yuri nos llevaron a un hospital donde no pudieron hacer mucho por nuestra hija. Pasaron dos meses desde que mi niña no recibía ni inyecciones ni medicamentos. Ella estaba con energía; jugaba y disfrutaba.

Tiempo después, nos mudamos con mi hermano Jorge. Él había comprado un tráiler (casa) para nuestra llegada, y así fue cómo nos mudamos en un solo día; nuestras pertenencias eran pocas. Vivíamos en Iowa, cerca de un lago, lugar que Cristal disfrutaba mucho. Se la veía feliz y le encantaba pasear por la orilla del lago cada día. En ese mismo barrio vivían también mi hermano Luis y mi hermano Juan. Ellos también nos apoyaban como nos habían prometido, pero aún no conseguíamos el tratamiento adecuado para nuestra pequeña.

Habían transcurrido dos meses, y aún no lográbamos dar con especialistas adecuados para Cristal. Un día, desperté con una gran inquietud. De repente, me sobrevino un pensamiento a la mente: "Llama a tu prima Fina, que vive en Gainesville...". Así lo hice y le comenté todo lo que estaba sucediendo. Tan solo haberme escuchado, me dijo: "Ven para aquí; estoy segura de que encontrarás la ayuda que necesitas para tu hija". Al mismo tiempo, me ofreció su casa. Ese mismo día, cuando mi hermano Jorge regresó de trabajar, le conté lo que me había propuesto mi prima y también se lo conté a mis otros hermanos. El tema era cómo emprendería ese viaje si no contaba con los recursos para hacerlo. A pesar de que mis hermanos nos estaban apoyando con la casa y con la comida, ya no quería molestarlos; no quería causarles pesares económicos a ellos. Al conversar de toda esta situación, mi hermano Jorge dijo: "Venderé el tráiler". Y así fue. Ese mismo fin de semana vendió la casa rodante, y me dio el dinero para que pudiésemos comprar nuestros boletos para poder viajar. No solo hizo eso, sino que viajó con nosotros y se quedó allí apoyándonos hasta que llegara mi esposo. En todas las cosas veía la mano de Dios.

X.
Lo que la hacía feliz…

A Cristal le gustaba mucho disfrutar de la naturaleza. Recuerdo que le fascinaba mojarse con la lluvia. A mí no me gustaba porque siempre la cuidábamos de que no tuviera ningún resfriado, pero ella gozaba de esos momentos de libertad y de alegría.

También disfrutaba mucho de los campamentos que el hospital Egleston realizaba con los niños cada verano. Este encuentro, que se llamaba "Sunshine", duraba una semana. Recuerdo que, durante su estadía allí, nos enviaba cartas donde nos contaba que, si bien nos extrañaba mucho, era muy feliz.

Le gustaba mucho nadar. En un tiempo, vivimos en un complejo de apartamentos en la que había una hermosa alberca; durante las tardes de verano, Cristal, junto con su hermana, esperaban allí a su papá cuando este regresaba de su trabajo, para que las llevara a nadar. ¡Cómo se alegraba con esos momentos compartidos! Yo también sentía felicidad de ver a mi esposo cuidar a las niñas. Por eso, los acompañaba y les llevaba un refrigerio.

Era feliz cada vez que su maestra Ivón le compraba nieve. Gracias a Dios, hacía esto asiduamente. Otra ocasión en la que recuerdo su rostro de felicidad fue aquella cuando el hospital Egleston le ofreció a nuestra pequeña un regalo sorpresa. Ellos cuentan con una organización que se dedica a hacer realidad los sueños. En esta oportunidad, la llevaron de compras con un *boucher* de mil dólares para que ella pudiera gastarlos en regalos. ¡Así fue cómo llenó cuatro carros de la tienda! Su carita de felicidad fue inolvidable. También compró, con permiso de las personas que la acompañaban, regalos también para nosotros. Este es un detalle, un rasgo que la distinguía particularmente: su generosidad.

Cuando una vecinita venía a casa a compartir tiempo con ella, le gustaba que yo le ofreciera algo rico para comer o para tomar. Siempre me lo recordaba. Tener esos momentos de comunión con el otro, el poder compartir la hacía sentirse muy feliz.

Amaba visitar a mi prima Fina, y le gustaba mucho su comida. A Daniela, la hija de mi prima, le encantaba invitar a Cristal a jugar. Ella también quería mucho a mi niña. Era muy fácil llevarse bien con ella: era amigable, hospitalaria, servicial y amaba estar con la gente que quería.

Era feliz al compartir tiempo con sus amiguitas Marilín, Lupita, Carina, Ester, Claudia, Karen, Cinthia,

Vanesa y, sobre todo, con su prima Daniela. Todas ellas la recuerdan con profundo cariño.

Cristal disfrutaba de estar con su familia, sus amigas y con todas las personas que formaban parte de su vida. Todos y cada uno de ellos pusieron su granito de arena para que la vida de mi niña fuera más feliz y pudiera disfrutar de esa infancia que todo niño merece tener, que consiste en jugar, ser amado y ser feliz.

XI.
En búsqueda de un nuevo tratamiento

Llegamos y por fin tomamos el transporte que nos llevó a la ciudad de Gainesville, a la casa de mi prima, donde Dios tenía planes y propósitos para nuestras vidas que aún no conocíamos. Rápidamente buscamos la atención médica para mi hija. Recuerdo que la llevamos a la clínica Good News, donde fueron muy amables y nos derivaron a un especialista de niños, que debía examinar su caso. La pediatra, por cierto muy buena, la atendió con mucho amor. Le hizo los exámenes requeridos y con mucho cariño la examinó junto con la enfermera. Fue una gran amiga; siempre nos brindó las mejores atenciones y demostró un profundo cariño por nuestra hija. Su nombre es *Sandra*.

Luego de haber recibido los exámenes, la doctora nos envió al hospital de Egleston en Atlanta, donde debíamos ver a un especialista de niños con cáncer. Finalmente, llegamos al lugar que tanto habíamos esperado. Allí tendrían la atención para su leucemia; nuestro corazón albergaba la esperanza más grande: que ella sanara. Sin embargo, no sabíamos lo que luego pasaría y nos derrumbaría emocionalmente. Para nuestra sorpresa (ignorando las leyes de este país), luego de la revisión que le habían hecho y todos los controles, una trabajadora social nos informó que nuestra hija no podía ingresar en ese hospital porque no era estadounidense y que allí los tratamientos eran sumamente costosos para hacerlos de manera particular. Frente a tal noticia, le dijimos que mi esposo trabajaría y que mis hermanos nos ayudarían a costear el tratamiento. Pero su respuesta fue implacable: "No tienen idea del costo de este tratamiento". En ese momento, no supe qué hacer; solo pude abrazar a mi hija queriéndole transmitir con mis brazos, la protección y el cuidado. Ese abrazo decía: "No te preocupes: mamá está contigo, y nada malo te sucederá". Ella solo observaba a su alrededor y me preguntó: "¿Por qué hay tantos niños enfermos en este hospital?". No sabía qué responder; solo le pude decir que no se preocupara, que ella y esos niños iban a sanar.

Comprendí que la trabajadora social solo estaba haciendo su trabajo. Así fue cómo regresamos a la casa sin saber qué hacer. Los días pasaban; ya hacía tres semanas que mi hermano Jorge estaba junto a nosotras apoyándonos como me lo había prometido. Mi hermano planeó mudarnos a un apartamento. Ya era tiempo de dejar la casa de nuestra prima Fina.

Esa misma noche, de regreso de Egleston, mi niña levantó temperatura muy alta. Inmediatamente fuimos al hospital de Gainesville para pedir que por favor la atendieran. Así fue. La revisaron, pero el doctor que estaba de turno nos dijo que mi hija estaba muy grave. Un gran temor me invadió a causa de las palabras de aquel médico. Regresé a la casa de mi prima y le dije: "No podemos seguir aquí; lo mejor es que regresemos a casa".

Todas las decisiones las tomaba en mis propias fuerzas pero, aun así, Dios estaba con nosotros. La hija de mi prima, quien también tenía un gran aprecio y cariño por nosotros y en especial por Cristal, nos dijo que, si nuestra decisión era regresar a Ensenada, ella nos apoyaría con los pasajes de avión, pero solo podía financiar mi boleto y el de mis dos niñas. Mi corazón se partía en pequeños pedazos… sentía un desgarro dentro de mi ser… Luis, con tan solo quince años, quedaba allí con ellos, con la promesa de que pronto volveríamos a estar todos juntos.

XII.
El regreso

La despedida no fue fácil pero, en ese momento, tuvo que ser así. Hicimos el viaje, llegamos a casa y le conté a José, mi esposo, lo que había sucedido. Él trató de darme consuelo y rápidamente llamó al médico de la pequeña que la había estado atendiendo durante los últimos dos años y nos dijo que la llevásemos al hospital. De inmediato la revisó y, para nuestra sorpresa, al hacerle los exámenes médicos, la fiebre había desaparecido. La pequeña no sentía ninguna molestia; igualmente, le haría una nueva biopsia. Mientras tanto, Luis, nuestro hijo, comenzó a trabajar de nuevo, y nos enviaba dinero para el tratamiento de su hermana. Él decidió quedarse allí por un tiempo más, para, de esta manera, poder ayudar con los gastos. Al escuchar sus palabras, le hice saber que no estaba de acuerdo: era muy pequeño para tan grande responsabilidad.

Una semana más tarde, el teléfono de casa sonó: era Margarita, la hija de mi prima, quien me contó que habían llamado de Egleston para ver a la niña y saber cómo se encontraba. Al haber escuchado esto, me pregunté a mí misma si me había apresurado o había tomado la decisión equivocada. Muchas preguntas que no tenían respuestas ni en mi mente ni en mi corazón.

XIII.
Nace una nueva oportunidad

Conversamos todo esto con mi esposo y decidimos regresar a Gainesville. Para ese tiempo, José ya había obtenido su visa. Dios seguía poniendo los medios para cumplir el propósito que Él tenía y tiene para nosotros. En la fábrica donde José trabajaba, ofrecieron comprar nuestros pasajes para estar de regreso en aquel hospital.

Nuevamente llegamos a Long Beach, donde nos establecimos unos días en la casa de mi cuñado Ramiro y su esposa María, quienes siempre estuvieron a nuestro lado en todos los momentos en que los necesitamos. Al llegar allí, nuestra hija estaba feliz; parecía saludable. Luego de haber estado allí, emprendimos el viaje por carretera, que duró sesenta y cuatro horas. Sin embargo, pudimos disfrutarlo: estábamos todos juntos. Pronto nos reuniríamos con nuestro hijo. Por fin llegamos al departamento en el que se encontraban mi hermano y mi hijo: fue una gran sorpresa volver a reencontrarnos.

Al día siguiente, sin esperar más tiempo, nos dirigimos al hospital de Egleston, para que nuevamente le realizaran a Cristal nuevos estudios, pidiéndole a Dios que no le negaran a nuestra hija los cuidados que ella necesitaba. Al llegar, rápidamente, le brindaron toda la atención necesaria y nos dijeron que debía permanecer allí por tres semanas para comenzar sus primeras quimioterapias. El hospital cubrió el tratamiento. Así fue cómo pasó su primer año, con idas y venidas al hospital. Pero ella se sentía querida, cómoda; las personas que estaban allí la querían mucho, sobre todo su psicóloga Mía y Amy, quien siempre rodeaba a los niños con mucho amor y contención. Mientras tanto, en casa, José y mi hijo Luis trabajaban para pagar los gastos. Mi hermano Jorge había viajado a México. Rosalba, mi hija, asistía al colegio y, cuando podía, también acompañaba a su hermana al hospital.

Yo también conseguí un empleo en casas haciendo la limpieza tres veces por semana para poder ayudar con los gastos. Recuerdo con mucho cariño a las personas que me dieron el empleo; ellos fueron muy comprensivos y permitían que fuera a trabajar con mi pequeña para así poder cuidarla y darle los medicamentos en el horario justo. Ellos la recibieron como si fuera de su familia.

El tiempo transcurría, y mi hijo no quiso seguir estudiando, a pesar de haberle insistido mucho. Él prefirió trabajar para apoyar económicamente a Cristal.

Nuestra niña tenía una maestra adorable, Ivón Zelesky, quien le ofrecía clases a nuestra hija por las tardes, tres días por semana porque solo dos días podía asistir a la escuela. Y así transcurrió un año más de su tratamiento cuando una nueva noticia irrumpió en nuestra vida. El médico pidió hablar a solas conmigo y me dio la noticia de que la leucemia había regresado, y ya no estaba en remisión. Una vez más nos quedamos sin palabras, ¿por qué otra vez cuando todo parecía encaminarse y mejorar? Una gran pena invadió nuestro corazón. El doctor nos dijo: "Estamos como al principio".

XIV.
Un tratamiento más...

Nuestra guerrera continuaba de pie, recibiendo más tratamientos. Recuerdo que, en ese tiempo, mi hermano Jorge me había dejado una Biblia. Yo la leí sin comprender mucho todo lo que ella decía. Solo mi pregunta a Dios era por qué nuestra hija debía pasar por tanto sufrimiento, por un proceso tan difícil... Pero la respuesta no llegaba. Guardaba el libro porque había sido un regalo, pero sentía que Dios no escuchaba mis ruegos.

Al pasar los días, nos mudamos de un departamento a una casa. Luis le había regalado a su hermana una bicicleta, así ella podría disfrutar un poco más. Muchas personas nos apoyaban moralmente en esos momentos; nunca olvidaré a ninguno de ellos. Y así fue cómo fuimos a vivir a una casa ubicada en Parkhill, cerca de la escuela donde asistía mi hija.

Un día, una vecina le llevó un presente a la niña: un pequeño gatito, al que llamó *Mickey*. Lo cuidaba con mucho amor. Le compramos un biberón para poder alimentarlo y lo cuidó con la ayuda de su hermana. Mickey creció muy rápido; se había acostumbrado mucho a ella, y ella a él. Cristal era muy cariñosa; amaba a todas las personas. Sus sentimientos eran nobles: se compadecía de los ancianos y amaba demasiado a su familia.

Un día me dijo:

—Mami, si te digo algo, ¿no te enojarás conmigo?

—Claro que no —respondí.

—A mi papá lo quiero un poquito, muy poquito más que a ti.

Solo pude reírme y me gustó que pudiera expresarlo. Solo quería verla feliz. Le encantaba cuidarme cuando yo me sentía mal. Me ofrecía comida y una pastilla para el dolor; así me demostraba su cariño: cuidándome… Disfrutábamos cada momento de su vida viéndola sonreír. Esa era nuestra felicidad. A esta altura, ya habían transcurrido tres años de tratamiento en el hospital Egleston; hasta llegó a decirme que el hospital era como su casa. A pesar de saber que ella iba allí a curarse y que no le molestaba asistir, en silencio, cada día le pedía a Dios un milagro para mi hija.

En ese tiempo, mi hija Rosalba, que regresaba a casa junto a una amiga, me comentó acerca de una campaña evangelística: sus amigos le habían compartido las buenas nuevas del Evangelio. Charlene es una persona muy especial para mí y para mi familia y ella, de la misma manera, compartió conmigo el mensaje de salvación. Ella conocía nuestra realidad y nuestro dolor, y me habló de un Dios que traía consuelo a los abatidos y cuyo deseo era entrar a mi corazón, pero yo necesitaba decírselo con mis labios, y así fue. En ese instante acepté a Jesús como el Señor y Salvador de mi vida, creyendo que había muerto en la cruz para que yo tuviera vida eterna y que, a partir de ahora, yo también sería Su hija.

XV.
Un cambio de vida

A partir de allí, una nueva vida comenzó para mí y para mi familia. Aunque no comprendía mucho, comenzamos a congregarnos en la iglesia a la que Charlene nos había invitado. Las personas que estaban reunidas allí nos recibieron con un caluroso saludo y nos abrazaban. Fueron muy amables con nosotros; nos hicieron sentir como si fuésemos parte de ellos. Cada domingo asistíamos con Cristal para adorar a Dios, y mi niña se sentía feliz de asistir. Todos, como familia, comenzamos a vivir un cambio, algo nuevo, diferente. Aceptamos comenzar a hacer en casa reuniones para aprender más de la Palabra de Dios e invitábamos a personas que, al igual que nosotros, necesitaban conocer a Dios y recibir algo nuevo para sus vidas. Luego del estudio bíblico, compartíamos una merienda, momentos que disfrutábamos mucho. Poco a poco fuimos entendiendo que Dios nos creó con un propósito divino; no somos casualidad de la naturaleza. Él nos amó con amor eterno y planeó nuestra vida desde antes de la fundación del mundo.

En cada reunión aprendíamos más y más de toda esa Palabra de vida que empezaba a sostener con fuerzas, fe y poder todas las situaciones que teníamos que atravesar.

XVI.
La vida de fe crecía

Mientras crecíamos en la fe, nuestros hijos también crecían, y Luis, mi hijo mayor, decidió casarse. A Jésica, su novia y pronta esposa, la recibimos con mucho cariño. Era como una hija más para nosotros. Ella también asistía a la iglesia y buscaba conocer a Dios. Cristal la amaba y ansiaba que ella formara parte de nuestra familia. Tiempo después, al estudiar la Palabra, José, mi esposo, también aceptó a Jesús como Su Salvador, y eso fue una gran noticia y una gran felicidad para Cristal. Había un gran propósito para nuestras vidas. Todos aceptamos a Jesús en nuestras vidas. Disfrutábamos de servir en la iglesia; lo hacíamos con mucho amor… Mientras estábamos en pleno descubrimiento de una nueva vida de fe, en una de las visitas que periódicamente hacíamos al médico, este nos pidió hablar a solas.

XVII.
Una vez más, el desconsuelo

Una sensación extraña recorrió mi cuerpo, como anticipándonos a las palabras que saldrían de la boca de su doctor. La noticia era definitiva. El médico me dijo: "Cristal tiene solo seis meses de vida". ¿Cómo describir ese dolor? Es como si alguien viniera y arrancara parte de tu cuerpo, de tu mismo ser... La noticia la recibí yo sola. Mi esposo, al igual que mi hijo, estaban en su trabajo y mi otra hija, en la escuela. Todo te duele: el alma, el corazón. Pero, al mismo tiempo, debíamos ser fuertes para ofrecerle el mejor tiempo de vida a nuestra pequeña.

Nuevamente la fiebre subió, y quedó hospitalizada. Su papá y sus hermanos siempre la visitaban, y los fines de semana estábamos todos juntos en el hospital... Pero entonces la noticia era devastadora. Yo debía regresar a casa para comunicarles lo que el médico me había dicho. No sabía cómo hacerlo. Durante todo el camino de regreso a casa, abracé a mi hija muy fuerte, con todas mis fuerzas, y solo le decía: "Dios y mamá están contigo". Ella me devolvía una dulce sonrisa, y mis lágrimas no dejaban de salir de mi rostro: no podía detenerlas. Mi niña, sin comprender el torbellino de dolor que se había despertado en mi interior, me preguntaba: "Mamita [así me decía ella], ¿por qué salen tus lágrimas?". ¿Cómo explicarle mis emociones, el dolor de saber que pronto partiría de esta Tierra para ir con Dios? No podría comprenderlo.

Al llegar a casa, les compartí a todos la noticia, pero no quise que Cristal lo supiera por nada del mundo. Ella debía ser feliz.

XVIII.
El tiempo transcurría…

Habían pasado cuatro meses desde aquel día en que habíamos recibido la noticia, cuando mi hijo nos sorprendió con una buena noticia: seríamos abuelos, y Cristal sería tía. Esta noticia la hizo sentir la niña más feliz del mundo. Ella se mostraba con energía, juguetona, como si nada sucediera en su cuerpo.

En una oportunidad, mientras compartíamos el desayuno, me habló:

—Mami, ¿te enojas si te pregunto algo?

—Claro que no.

—Para conocer a Dios, para verlo cara a cara, ¿es necesario morir? Pues yo tengo muchos deseos de conocerlo y, si debo morir, para mí estará bien porque quiero saber cómo es Él. Ahora solo lo imagino, pero me gustaría verlo cara a cara.

Mi respuesta fue la siguiente:

—Todos estamos orando por un milagro, para que Dios te sane, y tu deseo es ir a conocerlo.

—Prometiste que no te enojarías por lo que te diría.

Le respondí que no estaba enojada, pero que mi deseo es que ella viviera muchos años a nuestro lado, que continuásemos yendo juntos a la iglesia, haciendo las reuniones en casa, invitando a las personas de la comunidad.

A pesar de las palabras que el médico nos había dicho, ya habían pasado cinco meses; nosotros esperábamos un milagro. El doctor había dicho: "Seis meses de vida", pero nosotros ignoramos ese tiempo porque dentro de nuestro corazón no las aceptábamos. Seguíamos confiando y teniendo la esperanza de que nuestra hija sanara.

XIX.
Recuerdos de Cristal...

Corría el año 2000 ya (diciembre, para ser más precisa), y estábamos por terminar una Nochebuena muy alegre. Por un momento, nos olvidamos de toda la angustia. Nos reunimos como una familia que solo quería disfrutar ese tiempo juntos y revivir aquellos hermosos recuerdos familiares que nos pertenecían. Preparamos una rica comida para compartir con la familia esa noche de Navidad. Cocinamos todo lo tradicional que se cocina en una familia mexicana: tamales, buñuelos, ponches calentitos... Fue un día inolvidable. Incluso el momento de abrir los regalos fue un momento tan cálido que quedó impregnado en mi memoria y en mi corazón.

Recuerdo a mi pequeña Cristal estar feliz de abrir regalos; su hermana la ayudaba mientras ella mostraba su alegría con su rostro de apenas nueve años y cuatro meses. Siendo aun tan pequeña, tenía una superinteligencia que, seguramente, Dios le había dado. A su temprana edad, ella ya le daba consejos a su hermana, cuidaba de nosotros, colaboraba con los quehaceres de la casa. Era una niña increíble.

Yo no podía comprender por qué se iría de nuestro lado... Mientras tanto, seguimos asistiendo a la iglesia como solíamos hacerlo cada domingo. Le gustaba también ayudar con el cuidado de los niños, el momento de la alabanza… Su canción preferida era *Sumérgeme*. Hoy recuerdo que, la primera vez que la escuchó, lloró como un bebé. Le pregunté si quería salir, pero no quiso. Prefirió permanecer dentro de la iglesia para escucharla. No comprendí en ese momento por qué quería quedarse si le causaba tanto llanto, pero Dios sí sabía… También disfrutaba compartir el amor de Dios con sus amiguitas y las invitaba a la iglesia. Recuerdo que en una oportunidad dibujó un ángel en una hoja y escribió: "Dios, quiero compartir tu Palabra con muchas personas". Esas palabras me daban alegría, llenaban mi corazón y me daban la esperanza de que esta fuera una señal de que ella tenía que quedarse a compartir el mensaje de Dios con nosotros.

Otro día escribió una carta para Dios; la ató a un hilo junto con un sobre y le pregunté si podía conocer el contenido de la carta, y me permitió hacerlo. La carta decía: "Dios, sé que eres bueno; por favor, necesito ver mi pelo y ya tener mis pestañas y mis cejas". Sentí que mi corazón se partía; el saber su petición reavivaba el dolor en mí. A pesar de que tenía hermosas pelucas, ella quería tener su propio pelo. Luego de haberme permitido leer la carta, soltó al cielo su globo sujeto a la carta, y nuevamente mi corazón se partía en pequeños pedacitos. Sin embargo, tomé fuerzas para no llorar.

En otra oportunidad, me pidió permiso para jugar con sus amigas que vivían cerca de nuestra casa. Le di permiso y después, en poco tiempo, regresó un poco asustada. Inmediatamente le pregunté qué le sucedía. Me respondió que sus amigas estaban discutiendo; yo le dije:

—No vayas si te hace mal verlas discutir.

Pero me llevé una sorpresa. Ella me respondió con gran firmeza y sabiduría:

—No, mamita, tengo que regresar para decirles que Dios las ama y no desea verlas pelear.

Solo podía sentir orgullo por mi hija.

XX.
Marzo del 2001

Regresamos al hospital para comenzar con una sesión de quimioterapia. Sus defensas estaban muy bajas por el tratamiento recibido. Esa misma noche, su temperatura subió mucho, por lo que regresamos de inmediato al hospital. Al llegar, la trasladaron al servicio de terapia intensiva. Ella continuaba hablándome y sonriéndome, pero el diagnóstico era grave. Al día siguiente, todo parecía estar en control nuevamente; eso impactó mi vida. Estábamos con mi hija Rosalba cuando de pronto vimos cómo comenzaba una convulsión. Los médicos entraron corriendo, las enfermeras… todos asistieron a la habitación. Recuerdo que nos hicieron salir, y yo imaginé que esa había sido la última vez que habíamos hablado con ella. Allí mismo me arrodillé suplicando a Dios que la salvara; quería aferrarme a su vida. Le pedía a Dios que no me la quitara. En medio de mis ruegos, vi a una enfermera entrar a la habitación y nos informó que su corazón estaba muy acelerado. Le harían un electroshock. Pero finalmente no fue necesario.

Al cabo de unos minutos, pudimos entrar a verla y, con su voz completa y tierna, me dijo estas palabras: "Mamita, ¿por qué te asustaste?, no tengas miedo. Si la voluntad de Dios es sanarme, está bien pero, si no es así, está bien: no tengas miedo". Al principio pensé que no era mi niña la que me estaba hablando. En silencio le pregunté a Dios qué trataba de decirme...

Luego de dos semanas de terapia intensiva, finalmente, ¡logró salir! Pasó a un cuarto de recuperación, y todos estábamos felices. Mi hija Rosalba y yo estábamos junto a ella en todo momento. Nuestra familia de la iglesia la llamaba por teléfono; le cantaba alabanzas para que ella pudiera escuchar. Como siempre, luego de haber salido del trabajo, mi esposo y mi hijo pasaban las tardes junto a ella.

Transcurrió una semana más, y comenzamos a observar cómo su debilidad aumentaba. Me pidió ver a su tía Margarita, y así lo hicimos. La llamamos y le pedimos que viniera pronto a verla. Ella la amaba, y era una persona especial en su vida. Al mismo tiempo, la trabajadora social del hospital llamó a la psicóloga de niños del hospital. Cristal pidió arreglarse; quería recibir linda a su tía, que estaba viajando desde Ensenada hacia Atlanta. Mía, amorosa con todos los niños, le llevó todo lo que le había pedido. Su papá le compró unas diademas para su pelo. En ese momento tenía un hermoso pelo rizado, como lo eran sus pestañas largas rizadas. No tenía fuerzas; sin embargo, el entusiasmo por verse bonita podía más, y la llenaba de fuerzas. Por fin, su tía llegó esa misma tarde acompañada de su hermano Antonio. Mi pequeña estaba muy feliz.

Esa noche estábamos todos juntos. A la mañana del lunes, la enfermera debió ponerle el oxígeno. El doctor nos llamó a una sala privada y nos dijo que solo le quedaban unas horas de vida. Nos explicó que habían hecho todo lo que había estado en las manos pero, lamentablemente, las médulas de sus hermanos no habían sido compatibles con la de Cristal y ya no podían ponerla en remisión.

Fue muy difícil escuchar estas palabras y mi ser interior, mi alma, le preguntaba a Dios: "¿Por qué?". Me devastaba no escuchar una respuesta de Dios, sino solo Su silencio. Todo ese lunes fue desgarrador; ver consumir las últimas horas de vida de mi hija, cómo su tiempo en esta Tierra estaba llegando a su fin. Por la noche, tuvo la visita de su maestra Ivón Zelesky; ambas se querían mucho. Ella le había dado clases por mucho tiempo. Pasó un tiempo con ella, acompañada también por su esposo, y con lágrimas en sus ojos se despidió de mi Cristal.

Permanecí yo en el cuarto con ella, pidiendo a Dios fuerzas para que ella no notara mi tristeza y mi aflicción. Mi esposo me pidió que saliera de la habitación; fuimos hacia la sala de espera y al poco tiempo llegó el pastor con un hermano de la iglesia que lo acompañaba. Ya eran las doce de la noche: el día lunes terminaba. Recuerdo que llegaron con una grabadora en su mano y se dirigieron al cuarto donde estaba mi pequeña; pusieron las alabanzas que más le gustaban. Ella tomó la mano del pastor, y trató de apretarla. Con su vocecita quebrantada pidió hablar con Jésica, la esposa de mi hijo. Ella se acercó. Ya nuestra pequeña no pudo hablar más; Jésica salió del cuarto sin saber qué era lo que había querido decirle.

Estando sentada en la sala de espera; por el cansancio, recaí en un profundo sueño. Yo no soy de las personas que creen en los sueños pero, en ese momento, sin entender el porqué, empecé a soñar que el monitor que marcaba los latidos del corazón de mi pequeña estaba cubierto de sangre. Después mi pequeña me tomaba de su mano y caminábamos por una ciudad muy tranquila. Era de noche. Recuerdo que le dije:

—En la próxima esquina, damos vuelta a la izquierda.

Ella me contestó:

—No, mamita, seguiremos más adelante; en donde miras esa parte alumbrada muy brillante, ahí me dejas y te regresas.

Cuando solté su manita, me movieron de mi hombro para despertarme: era nuestro pastor, que me dijo: "Cristal se fue con el Señor". En ese momento, con un nudo en mi garganta, agradecí a Dios por haberse cumplido Su Voluntad. A las dos de la mañana del martes 17 de abril de 2001, cerró sus ojos hermosos para irse con Dios. Estuvimos contemplándola hasta que casi amaneció. Después, dos enfermeras entraron con lágrimas en sus ojos para llevársela. Después, para esperar su cuerpo, nos dirigimos tristes a casa, llorando por su partida. Llegamos a casa; su gato Mickey estaba esperándola como lo hacía siempre. Algo que nos sorprendió mucho fue que empezó a olernos y maullaba con tristeza como si llorara y subía a la cama y bajaba como buscando a Cristal. Eso nos llenó de tristeza. El miércoles, al mediodía, estábamos en la funeraria.

Cuando estábamos entrando, las personas encargadas de la funeraria se dirigieron hacia nosotros y nos advirtieron que iba a ser muy impactante mirar a mi hija en un ataúd. Pero la única reacción que Dios puso en mí fue pedirle a mi esposo a mis hijos y a los tíos que también nos acompañaban que nos arrodilláramos para adorar a Dios Nuestro Padre. Recuerdo que di gracias a Dios por habernos prestado a nuestra pequeña casi diez años de su vida y le pedí que tuviera misericordia de nosotros. Empezó a llegar mucha gente (amigos, la familia de la iglesia) para acompañarnos en ese momento. Un hermano tocaba el piano y cantaba alabanzas. A pesar de la tristeza, había mucha paz. Dios, en medio de nuestra tristeza, nos daba paz. Pasamos esa tarde mirando a nuestra pequeña como si estuviera solo durmiendo; estaba muy hermosa. El día siguiente era nuestro último día para verla; recuerdo no quería que pasaran los minutos, pero llegó el momento de despedirnos. Abrieron nuevamente su ataúd para darle mi último beso. Regresamos a casa sabiendo que nunca más la miraríamos correr por la casa o escuchar su risa, pero Dios cumpliría su promesa; tendríamos paz, aunque hubiera tanto dolor. Llegó la noche, y todos se fueron a dormir. Recuerdo que mi cuñada Margarita se quedó conmigo conversando. Sin todavía haber conciliado el sueño, me comentó que, con solo mirarnos, la reanimábamos. Ella deseaba tener a Cristo en su corazón, como nosotros lo teníamos.

A partir de la ausencia de Cristal, sus hermanos sintieron una profunda pena en su corazón. Aún recuerdo a mi hijo Luis un día despertar con lágrimas en sus ojos: me dijo que había soñado con su hermanita y que no comprendía por qué se había ido. Yo sentía en esos momentos que debía ser fuerte para darles ánimo y esperanza. Rosalba no era una niña tan expresiva como su hermano; sin embargo, yo podía sentir cuánto ella la extrañaba. Hasta el día de hoy no puede visitar su tumba: una gran tristeza la embarga. Ella prefiere recordarla jugando, compartiendo sus días, y ama tener esos bellos recuerdos.

A pesar de esta inmensa pérdida, seguíamos con nuestra vida cotidiana, sin la compañía de nuestra pequeña. Cada día que pasaba, éramos consolados por nuestro Padre Celestial. Seguían transcurriendo los días, las semanas; la llegada de nuestra nieta se aproximaba. Al fin llegó el día esperado: 17 de agosto de 2001. Tuvimos una gran alegría por su llegada a este mundo. Sus padres, al momento de escoger su nombre, decidieron llamarla *Cristal* como nuestra pequeña, lo que nos causó mucha alegría. Ha pasado el tiempo; nuestro Padre Celestial nos ha enviado más nietos, a los que amamos profundamente. Ahora tenemos una familia numerosa. Nuestros nietos han conocido a su tía Cristal por medio de fotos y recuerdos que les compartimos. Sé que ellos aman sus recuerdos.

XXI.
Anécdotas de nuestra niña para compartirte

Recordamos toda la familia con mucha alegría cuando, en una ocasión, siendo Cristal pequeña, se le cayó un diente. Acostumbrábamos decirles a nuestros hijos que pusieran ese diente que se les había caído en algún lugar de la casa donde fuera visto por el ratón, ya que este buscaría el dientito y, a cambio, les dejaría dinero.

Así pasó con nuestra pequeña. Al caerse su dientito, ella fue corriendo a la cocina y lo colocó allí, en algún lugar de la mesada.

Justo, ese fin de semana, José, sin darse cuenta de que allí estaba el dientito de Cristal, puso, al lado de este, el dinero que solía darme para realizar las compras de la semana. A la mañana siguiente, al despertarse, Cristal fue emocionada hacia la cocina, esperando tomar lo que el ratón le había dejado. Cuando vio todo ese dinero, tuvo una gran sorpresa.

Fue corriendo hacia mí a buscarme para hacerme saber que el ratón le había dejado demasiado dinero.

Estaba supercontenta... Cuando descubrió que ese era el dinero que José me había dejado para los gastos, me preguntó: "¿Qué hago ahora?". Desde pequeña mostró ser una buena niña. Le pedí que, si quería, con ese dinero podía ayudarnos a pagar los gastos de la casa y dejar solo una parte para ella.

De inmediato estuvo de acuerdo, y se sintió muy feliz. Aprendí en ese momento que es mejor no mentir y, hasta hoy, recordamos ese momento con mucha gracia. Todavía reímos al evocarlo porque es parte de sus bellos recuerdos, que nos hacen tenerla presente cada día.

Los que partieron antes que nosotros siempre nos dejan huellas, recuerdos, emociones, semillas que crecerán en nosotros y harán que, al recordarlos, los honremos y los recordemos con felicidad y alegría.

A Cristal también le gustaba mucho esperar a su papá por las tardes. Cuando él regresaba de su trabajo para comer juntos, ella tenía ese hermoso gesto, ese detalle de esperarlo paradita mirando a través del ventanal del apartamento donde vivíamos. Y algo más: no quería empezar a comer hasta que su papá llegara... Le gustaba decorar la mesa de una manera muy bonita, con todo lo necesario. Ella era una niña muy detallista. Y luego, al verlo llegar, le extendía sus brazos para recibirlo con un gran abrazo y le daba muchos besos. José, todavía, luego de tantos años, sigue emocionándose al recordar estos momentos compartidos, y no puede evitar llorar. Son tiempos vividos, recuerdos que se impregnan en nuestra alma, imposibles de olvidar.

Una anécdota más

Cristal era también muy soñadora… Ella pensaba las cosas que haría cuando creciera si fuera una doctora. Pensaba en su futuro y me comentaba que quería ser pediatra y que estudiaría mucho para poder serlo. Tal vez, por el entorno en el que ella vivía o, quizás, este era uno de sus sueños que anhelaba alcanzar. Pero no solo eso: también soñaba con trabajar para ganar dinero y colaborar con los temas de la casa. Recuerdo que una de mis primas trabajaba en un restaurante muy cerca de casa y que Cristal me decía: "Llévame contigo, así le puedo pedir trabajo al dueño de ese lugar". Sus ganas de crecer y de ayudar me emocionaban; una niña con solo nueve años quería servir, comprometerse con su hogar, pero nosotros solamente pensábamos en cuidarla. Sin embargo, tanta fue su insistencia que, un día, mi prima me dijo: "Déjala venir conmigo y en una hora regresamos".

Una hora para mí me resultaba hasta una experiencia de felicidad para mi niña pero, para mi sorpresa, ella estaba firme y decidida con su sueño y, al ver al dueño del restaurante, le dijo que quería trabajar allí.

Este amable señor, conociendo su condición, le dijo: "Ok, ayuda a limpiar las mesas". Él quería sacarle una sonrisa y cumplir un sueño a una niña. No te imaginas la alegría que tenía al regresar a casa. Llegó con todas sus propinas y se sentía feliz de colaborar. Fue difícil de convencerla de no regresar: quería repetir esa experiencia, pero nuestra única ocupación era cuidarla… Finalmente, le dijimos que el líquido que usaban para limpiar no era bueno para ella, con el fin de encontrar un motivo para disuadirla de su meta… El hecho es que terminó teniendo una amistad con el dueño del lugar, de quien estoy segura de que aún la recuerda. También recuerdo con gratitud el momento en el que estuvimos hospedadas en la casa de McDonald en Atlanta, cerca del hospital Egleston. El hecho era que Cristal debía recibir radiaciones durante veinticinco días consecutivos. Esta casa había sido donada para ayudar a los padres que tienen niños con este tipo de problemas de salud. Es una casa muy grande y muy bonita, con muchos cuartos, una cocina muy grande, un salón de juegos para los niños. Recuerdo que su ánimo era de felicidad estando allí, donde también cumplió sus nueve añitos. Se lo festejamos en ese lugar y recuerdo su carita de felicidad al ver llegar a su papá y a su hermano con un pastel y con regalos. Ese día estuvo rodeada de todos los seres que la amaban. Las enfermeras también tuvieron un hermoso gesto para con Cristal, y les estuvimos muy agradecidos.

A pesar de ser tan pequeña, ella comprendía la situación. En un momento me dijo: "Mami, me hubiera gustado que fuera diferente mi cumpleaños; festejarlo en casa con mis amigas y con ustedes". Mi corazón se entristecía de no poder cumplirle uno de sus últimos deseos, pero sí pudimos comprarle una muñeca que nos había pedido: una muñeca muy cara (cien dólares costaba), pero hicimos todo lo posible para que ella la tuviera. Ella, con la ternura que tenía, me dijo: "Solo si puedes, porque es cara pero, si la tengo, te prometo que la cuidaré mucho". Ese día me fui a trabajar y, cuando obtuve los cien dólares, nos dirigimos hacia la tienda donde estaba la muñeca. Para sorpresa nuestra, justo estaba con un gran descuento. Solo nos costó treinta y cinco dólares.

Salimos de esa tienda muy felices y con mi niña con su muñeca en sus brazos. Su rostro dibujaba una gran sonrisa, y yo me sentía la mamá más feliz del mundo.

Mirar a nuestra hija feliz llenaba mi corazón. Le consulté qué hacía su muñeca, y me contestó que pedía la comida, que le cambiaran el pañal y que hacía todo lo que un bebé hace cuando es pequeño. Era una muñeca hermosa, grande y, hoy, a la distancia, me pone feliz haberle podido cumplir su deseo.

Recuerdo a mi hija Rosalba pasar tiempo con Cristal. Aunque se llevaban cinco años de diferencia, se divertían juntas. Ellas pasaron tiempos de alegría y de mucha risa. Su hermano mayor también pasaba tiempo con ellas. Siempre amó cuidarlas y protegerlas.

También recuerdo a mi mamá visitarnos. Cuando nuestra pequeña atravesaba el proceso de su enfermedad, a mi madre le dolía su corazón. Sin embargo, a pesar de su tristeza, ella era divertida con su nieta. Ella se quedaba en el cuarto de las niñas jugando y se reían tan fuerte que, desde mi cuarto, se las podía escuchar. En una oportunidad que recuerdo, cuando mi mamá se despidió de nosotros (porque debía regresar a su casa), la abracé sin pensar que sería el último abrazo que nos daríamos (esto sucedió en el 2000). El 19 de abril de 2001, mi mamá partió para irse con Dios. Y, el 17 de abril de ese mismo año, nuestra pequeña Cristal partió con Dios. Fueron momentos de mucho dolor y de tristeza para nuestras vidas.

XXII.
Cristal y nuestra conversión

Recuerdo a mi pequeña Cristal asistiendo a la iglesia y empezando a conocer la verdad de nuestro Padre Celestial y su Palabra. En lo poco que mi hija entendía, un día me dijo: "Mamita, ¿sabes?... me gustaría pedirle un regalo a Dios para todos nosotros". Le pregunté qué regalo anhelaba que el Señor le concediera y me respondió que le gustaría que Dios pudiera darnos una casa grande, con muchos cuartos. Siempre habíamos vivido en lugares pequeños. Y, luego de haberme dicho su petición, me preguntó: "¿Tú crees que me escuchará?". Y yo le respondí con la Palabra de Dios que está en Mateo 6:33: "Buscad primeramente el Reino de Dios y su justicia y todas estas cosas os serán añadidas". En ese momento no comprendía mucho el significado de esta Palabra, pero de inmediato se lo expliqué. Le comenté que teníamos que buscar a Dios en todo momento, leer su Palabra y amar estar en su Presencia (porque estas son las cosas de sus hijos que a Dios le agradan), y que Él supliría todas nuestras necesidades. Orábamos con fe por esa casa grande. Pero el tiempo pasaba, y ella me preguntaba "Ma, ¿por qué se tarda Dios con la casa?". Le expliqué que Dios tiene el tiempo perfecto para hacer todas las cosas, que no se preocupara por la casa. Ella, con paz en su corazón, lo comprendía y volvía a sentirse feliz.

Tener la casa era una idea que mi niña tenía en su mente y en su corazón. Tanto era así que un día me contó cómo era la casa que le estaba pidiendo a Dios: era muy grande y bonita, ubicada cerca de una tienda mexicana por la que solíamos pasar continuamente caminando, ya que esta quedaba muy cerquita de la casa que rentábamos. Actualmente, esta casa solo se utiliza como una oficina que administra un complejo de apartamentos. Cristal disfrutaba mucho caminar por la vereda frente a esta casa y la miraba con detalle. Y yo pensaba: "Ay, Dios, ella quiere una casa así de grande para nosotros, pero lo único que yo quiero es que ella sea sana".

Los días pasaron y seguíamos orando por esa casa hasta que, en junio de 2002, estábamos viviendo en la casa que mi pequeña le había pedido a Dios, en la calle Cameo N.º 2275 Gainesville, Georgia. Realmente, fue una sorpresa de parte de Dios. Sin tener muchos recursos, estábamos viviendo en esa casa. Sin dudas, era una petición respondida. Una casa de seis habitaciones, cuatro baños, todo tal cual Cristal había pedido. Pero había algo que no me dejaba disfrutarla del todo: Cristal ya no estaba con nosotros. En una ocasión, estaba sentada en el patio hablando a solas con Dios y le pregunté por qué mi niña no estaba allí para ver su petición contestada... En ese momento, llegó mi hija Rosalba, con quien había compartido mis conversaciones con el Señor, y ella me comentó que le sucedía lo mismo. Sin embargo, me dijo que su hermana estaba en una casa mucho más grande y más hermosa que esta. Mi hija no quería ver mi tristeza y allí mismo agradecí las oraciones que nuestra hija había hecho a Dios, porque nosotros podíamos disfrutar la respuesta a sus oraciones.

Gozábamos de la casa, pero en mí había un sentimiento que le compartía a mi familia: "Estemos felices el tiempo que dure: quizás estas solo sean unas vacaciones". En el 2009, se produjo una gran crisis económica para muchas familias, y nosotros éramos una de estas. El banco nos envió una carta de desalojo y tuvimos que abandonar la casa. Así fue cómo nos mudamos a un complejo de apartamentos. Nuestras vidas debían continuar. Luego, pudimos, con la bendición de Dios, volver a mudarnos a una casa más grande por una suma que podíamos pagar, con más espacio para que mis hijos pudieran disfrutar. Pero la situación económica no se estabilizaba. Oraba a Dios para buscar su guía; tenía mucho temor de no tomar la decisión correcta. Mi hijo Luis y su esposa Jésica empezaron a buscar un lugar donde pudiéramos estar mejor. Para ese tiempo ya tenían cuatro hijos: Cristal Samantha, Luis Adrián, Michael e Israel. Y nos consultaron si queríamos mudarnos con ellos a Omaha Nebraska, donde años atrás (en 1997) habíamos vivido con mis tres hijos. Fue una gran sorpresa este pedido y también una gran alegría. Estaba contenta de regresar donde vivían mis hermanos. Me hacía muy feliz esta decisión, aunque José, mi esposo, no se sentía muy seguro de dar este paso. Pero, al mismo tiempo, mi hija Rosalba y su esposo Luis, quienes ya tenían a su primer hijo, Andrés (luego llegaría Abigaíl), no podían mudarse. Ellos permanecerían allí. Por fin llegó el día planeado para nuestro viaje por carretera: un viaje de diecisiete horas. En mi interior le preguntaba a Dios si esto era lo correcto, al mismo tiempo que le pedía poder encontrar una iglesia donde pudiera adorarlo y fuéramos guiados por Él. Esta era mi continua petición.

Finalmente, llegamos. Nos instalamos en Omaha con mi cuñado Antonio, mi hijo Luis y su familia junto a una perrita que amábamos mucho, llamada *Raquel*.

Recuerdo que llegamos a Nebraska (2011) con muy poco presupuesto y con muy pocas pertenencias, ya que las habíamos vendido… El clima era intenso en verano y excesivamente frío en invierno. De inmediato, mi hermano nos instaló en una casa mientras conseguíamos una vivienda. En solo tres días encontramos una casa. Eso nos hacía sentir muy felices, aunque extrañaba mucho a Rosalba. Todos los días nos comunicábamos con ella para contarle todo lo que hacíamos.

Al principio no fue fácil. Orábamos por trabajo. El presupuesto se agotaba. Mi hijo iba todos los días a un taller de autos a buscar trabajo, hasta que un día se lo dieron. José, mi esposo, también consiguió empleo y, un tiempo después, yo también estaba colaborando. Gracias a Dios, ya podíamos solventar nuestros gastos y, al mismo tiempo, yo le seguía pidiendo a mi Padre Celestial por ese lugar que Él tenía preparado para que pudiéramos congregarnos. Recuerdo que, a dos cuadras de donde vivíamos, había una iglesia y, más adelante, una tienda donde yo hacía compras de mercado para la semana. Al pasar por ese edificio, escuchaba alabanzas. Las melodías sonaban muy hermosas. Tanto era así que me quedaba parada para seguir escuchando. Al llegar a casa, le conté a José que sentía que ese era el lugar que Dios tenía guardado para nosotros para que pudiésemos congregarnos. Anoté el número de teléfono que figuraba en la puerta y me contacté con el pastor. Su nombre era Daniel Rodríguez: una persona amable y preocupada por el prójimo. Luego de haberlo saludado y de haberme presentado, le pregunté cómo era la iglesia y qué predicaba, y él me respondió: "No tenemos religión; solo predicamos las buenas nuevas de Salvación". Eso era lo que buscábamos. Ese mismo día, por la tarde, fue a nuestra casa acompañado de un joven, con una caja con mucha comida para nosotros. Este gesto nos hizo saber que era una iglesia de misericordia. No era por lo que recibíamos, sino el mirar un corazón de bondad fue lo que me hizo sentir segura. No puedo describir lo feliz que me hacía poder sentir mirar la voluntad de Dios. Llegó el domingo, y recuerdo que fuimos mi nuera Jésica y yo. Fue un día muy emotivo para mí sentir la respuesta a mi petición de parte de Dios. El siguiente domingo, toda mi familia asistió, y nos congregamos en una iglesia que tenía mucha dedicación por nuestras vidas. Unos meses más tarde, mi esposo y yo servíamos en el ministerio con los jóvenes. Salíamos con ellos a predicar el Evangelio y nos llenaba de felicidad cuando una puerta se abría y podíamos compartir la Palabra.

Participábamos dando cortos estudios a los jóvenes. Salíamos en el verano para acampar: todo era muy emocionante; nunca nos perdimos un campamento. Mi hermana Ruth y su esposo Maurilio eran maestros de los jóvenes. Imelda y su esposo José conformaban equipo de apoyo para los jóvenes. Nunca olvidaremos ese maravilloso tiempo que Dios nos permitió servirle con todo nuestro amor. Siempre doy gracias a Dios por el pastor Daniel y su esposa Wendy, quienes fueron de gran apoyo y de ayuda espiritual para nosotros. Es mi deseo que Dios bendiga siempre su vida en cada lugar donde ellos estén.

Durante estos cuatro años que estuvimos en la ciudad de Omaha, también recuerdo haber ido a visitar a mi hija Rosalba. Era muy emocionante regresar y verlos. Mi hija nos esperaba con los brazos abiertos y, al mismo tiempo, anhelaba regresar para estar todos juntos. Era muy difícil cuando llegaba el momento de la despedida. Algunas veces, nuestra hija no tenía el valor de despedirse de nosotros y lo teníamos que hacer por teléfono.

Como relataba anteriormente, el frío de esta ciudad era muy intenso. Durante cinco meses nevaba. Yo no sabía caminar sobre la nieve y no me gustaba tanto frío, aunque miraba a algunas personas muy felices disfrutando y haciendo vida normal a pesar del clima. Mis nietos salían a hacer grandes muñecos de nieve en el patio de la casa. Omaha es una ciudad, grande, muy bonita, con gente de gran corazón, lo que te permite vivir con una gran libertad (siempre y cuando hagas lo correcto). Su zoológico es increíble; pero, debido al clima tan frío, nunca lo pude disfrutar. Y, en mi angustia por el clima, le pedía al Señor en oración regresar a Gainesville o que me permitiera disfrutar ese clima frío que a mí no me gustaba. Y, un día, Dios puso los medios, en su tiempo, para que pudiéramos regresar. La economía había mejorado. Aunque me costó mucho despedirme de mi familia de sangre, al igual que de nuestra familia en Cristo.

Regresamos para empezar de nuevo como familia apoyándonos unos a otros y con un gran aprendizaje: nunca olvidarnos de quien nos hizo libres y dio su vida por la nuestra: Cristo Jesús. Ahora tenemos una nueva familia en donde nos congregamos, nos aman y nos cuidan. Gracias al pastor José y su esposa Carmen Delgado; ellos son y serán un gran ejemplo para nosotros.

Agradecemos a la congregación en la que ahora estamos y agradecemos cada día a Dios por sus bondades y sus maravillas que, aun en los momentos más oscuros, ha llegado con su hermosa luz para alumbrarnos.

XXIII.
Dios, nuestra fortaleza

Luego de que Cristal partió de nuestro lado, quedó un profundo vacío en nuestro corazón, pero una gran esperanza llenó nuestras vidas, y lo sigue haciendo hasta el día de hoy. Esta esperanza consiste en poder encontrarnos nuevamente con ella en la morada que el Señor tiene preparada para todos sus hijos. La esperanza de saber que hay una nueva vida eterna nos llena de ilusión.

Dios, nuestro Señor, nos ha mostrado su infinito amor a través del tiempo y, por medio de Su Palabra, nos permite saber que nos ama con amor eterno y que, si tenemos que atravesar por distintas pruebas, tendremos la fortaleza y herramientas necesarias para poder atravesarlas. Su propósito siempre se cumplirá en nuestra vida.

1 Pedro 1:6-9 dice:

[...] En lo cual vosotros os alegráis, aunque ahora por un poco de tiempo, si es necesario, tengáis que ser afligidos en diversas pruebas, para que sometida a prueba vuestra fe, mucho más preciosa que el oro, el cual aunque perecedero se prueba con fuego, sea hallada en alabanza, gloria

y honra cuando sea manifestado Jesucristo, a quien amáis sin haberle visto, en quien creyendo, aunque ahora no lo veáis, os alegráis con gozo inefable y glorioso; obteniendo el fin de vuestra fe, que es la salvación de vuestras almas.

Dios nunca se irá de nuestro lado. En su infinita misericordia nunca nos ha abandonado. Ahora sé que tenemos a un Dios compasivo, admirable, consejero, fuerte, Padre Eterno, Príncipe de Paz. Nos permite, a través de Su Palabra, poder atravesar todos los momentos de la vida: los buenos y los que no lo son. Su gozo es nuestra fuerza que nos empuja cada mañana a seguir, sabiendo que siempre está a nuestro lado y nunca soltará Su mano de la nuestra. "Nuevas son sus misericordias cada mañana", dice La Palabra.

Una de las promesas que ha tocado mi ser y me ha ayudado a levantarme aun en los momentos más difíciles de mi vida es Josué 1: 9:

Mira que te mando que te esfuerces y seas valiente; no temas ni desmayes, porque Jehová tu Dios estará contigo en dondequiera que vayas.

Y así fue. Él ha estado conmigo y con mi familia en cada internación de Cristal, en cada momento de dolor y desconsuelo, en cada momento de alegría por verla vivir. Por eso, le agradezco día a día todo lo que hace por nosotros. Cada bendición es un regalo Suyo, y yo se lo agradezco infinitamente.

Nada supera el dolor de la pérdida de un hijo; no hay palabras que alcancen para aplacar el dolor, el recuerdo. Solo Dios, en quien mi familia y yo depositamos nuestra fe y nuestra esperanza, nos dio nuevas fuerzas y nuevos motivos para seguir creyendo, confiando y viviendo, con la esperanza que, en algún momento, volveremos a ver a nuestra hermosa Cristal.

Hoy quiero dejarte de regalo este pasaje Juan 3:16:

Porque de tal manera amó Dios al mundo que ha dado a su Hijo unigénito, para que todo aquel que en Él cree no se pierda, mas tenga vida eterna.

Quise compartirles nuestra historia que vivimos en carne propia para decirle que, si están pasando por una prueba cualquiera, no esperen un minuto más: busquen al Salvador de nuestra alma, al que da paz, al que sana nuestras heridas, al que vive para siempre. Búsquenlo, y Él los estará esperando con sus brazos abiertos. Él no rechaza a nadie; no importa lo que somos o lo que fuimos. Él perdona nuestros pecados y sana nuestras heridas. Entrega tu vida. Ríndete a Él. Te invito a que hagas esta oración:

Señor Jesús, te necesito. Creo en mi corazón que moriste en una cruz para salvar mi alma. Te pido perdón por todos mis pecados conocidos y desconocidos, y te acepto en mi corazón como mi único señor y Salvador de mi vida. Te doy gracias por el sacrificio que hiciste para venir a salvar mi alma. En el nombre de Jesús, amén.

En la actualidad, aunque jamás dejaremos de extrañar a nuestra pequeña Cristal, disfruto del amor de mi familia, de mi esposo. Sé que Dios siempre busca mi bienestar y me permite disfrutar del amor de mis hijos y de mis adorables nietos, a quienes amo con todo mi corazón pero, por sobre todas las cosas, agradezco el amor de Dios Nuestro Señor, sus misericordias que son nuevas cada mañana, y quien jamás nos ha dejado. Él nos dio la fortaleza que necesitamos para seguir adelante, seguir criando a nuestros hijos y saber que, algún día, volveremos a estar con nuestra pequeña Cristal.

Y sé que, si estás en momentos de dificultad y de diversas pruebas, el Señor te sostendrá, te levantará tus brazos, te acompañará y te guiará por caminos de justicia para que atravieses cada momento. Una vez superadas, podrás disfrutar de la vida plena y abundante que solo encontramos al tener intimidad con Jesús.

Dios bendiga tu vida y tu descendencia.

Leonor

www.ingramcontent.com/pod-product-compliance
Ingram Content Group UK Ltd.
Pitfield, Milton Keynes, MK11 3LW, UK
UKHW041943230426
12048UKWH00008B/108